Poemas para los enamorados : selección / selección de poemas Carlos Nicolás
   Hernández ; investigación documental Sonia Nadhezda Truque. -- Edición
   Ricardo Rendón López. -- Santafé de Bogotá : Panamericana Editorial, 1997.
   76 p. ; 21 cm. -- (Cuadernillos de poesía)
   ISBN 958-30-0424-3
   1. Poesía -- colecciones 2. Poesía amorosa - Colecciones I. Hernández,
Carlos Nicolás, 1953-   , comp. II. Truque, Sonia Nadhezda III. Rendón López,
Ricardo Andrés, ed. IV. Serie
   808.81 cd 19 ed.
   AGA6158

CEP-Biblioteca Luis-Angel Arango

Cuadernillos de Poesía

Poemas para los enamorados

Selección de
Carlos Nicolás Hernández

Reconocimiento

Agradecemos de manera especial a la
Biblioteca Nacional de Colombia y a la
Casa de Poesía Silva, por la generosa
colaboración prestada para investigar en sus
valiosos documentos gráficos y bibliográficos.

Cuadernillos de Poesía

Poemas para los enamorados

Selección de
Carlos Nicolás Hernández

PANAMERICANA
EDITORIAL

Editor
Panamericana Editorial Ltda.

Dirección editorial
Alberto Ramírez Santos

Edición
Ricardo Rendón López

Investigación documental
Sonia Nadhezda Truque

Concepción del proyecto y selección de poemas
Carlos Nicolás Hernández

Diagramación
Anacelia Blanco Suárez

Diseño de portada
Carlos Adolfo Molina Ibáñez

Ilustración de la portada
E. Munch. *Cupido y Psique*, 1911

Primera edición en Panamericana Editorial Ltda., septiembre de 1997
Tercera edición, marzo de 2000

© 1997 Panamericana Editorial Ltda.
Calle 12 No. 34-20, Tels.: 3603077 - 2770100
Fax: (57 1) 2373805
Correo electrónico: panaedit@andinet.com
www.panamericanaeditorial.com.co
Santafé de Bogotá, D. C., Colombia

ISBN de la colección: 958-30-0380-8
ISBN de este ejemplar: 958-30-0424-3

Todos los derechos reservados.
Prohibida su reproducción total o parcial
por cualquier medio sin permiso del Editor.

Impreso por Panamericana Formas e Impresos S. A.
Calle 65 No. 94-72, Tels.: 4302110 - 4300355, Fax: (57 1) 2763008
Quien sólo actúa como impresor.

Impreso en Colombia   Printed in Colombia

CONTENIDO

Presentación	9
Alfonsina Storni	
El divino amor	15
Susana March	
He soñado contigo…	16
Susana Esther Soba	
Canciones con motivos del hombre	18
Ángela Figuera	
Nocturno	20
Delmira Agustini	
El surtidor de oro	21
Explosión	22
Gioconda Belli	
Te veo como un temblor	23
Dulce María Loynaz	
Quiéreme entera	25
Meira del Mar	
Raíz antigua	26
Liliana Cadavid	
Delirio del juego incesante	28
Dora Castellanos	
Algún día	29
Alejandra Pizarnik	
La enamorada	30
La luz caída de la noche	32

Arthur Rimbaud
    Virgen loca   33

Pierre Louys
    Bilitis (fragmento)   39

Paul Géraldy
    Distancia   40

Paul Eluard
    La enamorada   42

Constantino P. Cavafis
    Si me amaras   43

Pedro Salinas
    No soy más…   44

Luis Cernuda
    Los marineros son las alas del amor   46

Miguel Hernández
    Vals de los enamorados y unidos
        hasta siempre   47

Pablo Neruda
    Juntos nosotros   49

Leopoldo Lugones
    Romance del perfecto amor   51

Octavio Paz
    Los novios   52

Alfonso Carvajal
    Ananda   53
    Utopía   53

Rafael Alberto Arrieta
    Noche de enero   54

Aquiles Nazoa
    Muchachas bajo la lluvia   55

Mario Benedetti
    Te quiero   57

Otto René Castillo
    Acontece así, enamorados   59

Roque Dalton
    Hora de la ceniza   60

León de Greiff
    Rimas   65

Rafael Maya
    Acaso   66

Alberto Ángel Montoya
    Lelia   67

Aurelio Arturo
    Todavía   69

Eduardo Carranza
    Azul de ti   70

Jorge García Usta
    En estas líneas mi corazón te envío   71

Juan Manuel Roca
    Días como agujas   73

PRESENTACIÓN

De los múltiples asuntos que por siempre han desvelado a dioses y mortales, hay dos que se manifiestan de manera incesante: el amor y la muerte.

Diversas mitologías han querido personificarlos como seres portadores de fuerzas poderosas y opuestas. Otras tantas los presentan como manifestaciones diversas de una misma esencia. Poderosa y terrible, en algunos casos. Bondadosa y paternal, en otros. Pero siempre como atributos, virtudes o defectos que se polarizan como conceptos binarios. Divinidad y bestia. Eros y Thánatos. Carne y espíritu. Bien y mal. Belleza y Fealdad, y así de manera interminable si proseguimos esta serie recurrente.

Así, cada cultura ha elaborado diferentes nociones acerca del amor. La antigua Grecia nos legó el Eros, diosecillo travieso, inocente y juguetón que vuela por ahí hiriendo con sus "mortales" saetas a quien se le ponga por delante. También somos herederos de dos grandes disertaciones en torno a este tema: *El Banquete* y *El Fedro* de Platón, amén de muchas más.

La mitología latina inmortalizó a Venus como la diosa del amor. Desnudez y belleza de mujer que suscitan y exaltan el deseo. Y vaya que de ésto si supieron los habitantes del imperio romano. Ya Ovidio escribía entonces *El arte de amar,* tratado práctico para el ejercicio del amor que recoge gran parte de la tradición oriental, rica y sabia, en estas lides. Si no, recordemos el *Kamasutra*.

Curiosamente la mitología judeo-cristina, de la que somos herederos directos, elabora otra concepción del amor. Recordemos que en ninguna parte del Antiguo y Nuevo Testamento se nos habla de que Adán y Eva, o sus descendientes, se hubieran enamorado. Allí, todo está encaminado a exaltar el amor por la divinidad así como el amor de ésta por sus criaturas.

Esta noción, unida a la del pecado de la carne, prosperó rápidamente entre las culturas sometidas por la conquista española y de las que, fragmentariamente, nos quedan algunos testimonios de sus desprejuiciadas costumbres amatorias.

En fin, ¿qué no se ha dicho acerca del amor? Sin embargo, cada vez que intentamos explicarlo o entenderlo, permanece rodeado de esa bruma que lo hace inasible y elusivo. Quizás porque cada acto de amor es único e irrepetible. Cuántas veces hemos repetido: no me vuelvo a enamorar. Y a las primeras de cambio, ante un contoneo, una mirada, un aroma, volvemos a las andanzas, y bueno ya veremos...

Algunas tradiciones han querido que el amor sea ciego, y a fe que lo es. Cuando, de repente, surge todo lo anega. De este aniquilamiento sólo se salva la persona amada. Y vaya que causa problemas. Pero si es ciego, lo que suscita no es el silencio. De quedarse callados, hombres y mujeres tocados por el amor, no tienen la más mínima idea.

Si seguimos la vía explicativa nos topamos rapidito con el *pandemonium* de filosofías, teologías, éticas y demás; que ocupa mamotretos y anaqueles pero que de nada sirve frente a una consecuencia práctica: enamorarse.

Porque estar enamorado es... estar enamorado es... estar enamorado... es estar enamorado...

Y es aquí cuando se recurre a la poesía. ¿Para qué? la verdad es que no lo sé pero se recurre a ella. ¿Quién no le ha escrito un poema de amor, una carta apasionada, un acróstico, una dedicatoria a la persona amada? Hombres y mujeres se han acompañado siempre del canto, cuando del amor se trata. Y amor no sólo implica las mieles de la felicidad. También es el rechazo, la ausencia, la incertidumbre, el despecho, la tusa, la distancia.

En muchas leyendas ancestrales encontramos personajes como la tonina o el mohán que con su canto enamoran a jóvenes doncellas. O Zeus multiforme persiguiendo y engañando con sus estratagemas a ninfas y donceles. O la mujer sin sombra que busca un pretendiente para que, con algo más que un simple beso, le regale un cuerpo para habitarlo.

La literatura de todos lo tiempos es pródiga en parejas de enamorados, en heroínas y héroes sorteando toda clase de peligros y desafíos siempre en busca del amor: Don Quijote y Dulcinea, Abelardo y Eloísa, Madame Bovary, Romeo y Julieta, Efraín y María y un largo rosario de etcéteras.

Bastaría sólo Shakespeare para conocer el repertorio de pasiones, tretas, enredos y recetas que, en torno al amor, ha ideado el ser humano, desde siempre. O Corín Tellado, en su defecto.

Ni qué decir del cine. Alguien decía, con razón, que toda película es en últimas una historia de amor. Este ha sido otro capítulo de nuestra educación sentimental. Por ese cielo color de lejanía han desfilado nuestras y nuestros amantes más secretos e imposibles. Judy Garland, Clark Gable, Marilyn Monroe, Jodie Foster, James Dean, y la lista cada quien la completa. Y las telenovelas que, pese a lo que se diga de ellas por triviales o lo que se quiera, congregan audiencias masivas todos los días alrededor de cualquier historia de amor.

También la música es un canto al amor. O a su ausencia, o a sus consecuencias. Toda la música un amplio repertorio, un gran registro de las diversas modulaciones del amor. ¿Quién no ha dedicado un tema musical a falta de palabras para expresar ese sentimiento que atormenta? Ahí están los tangos, los boleros, las baladas. ¿Cómo no recordar a Gardel, a Toña la Negra, a Agustín Lara, a Nelson Ned, a Luis Miguel, a...?

Pues bien, esta selección de *Poemas para los enamorados* es, como se puede decir de lo anterior, sólo un puñado, una muestra, un abrebocas de lo mucho que se ha escrito en torno al hecho de estar enamorado.

En estos poemas escritos por hombres y mujeres de diversos países y épocas encontramos diversas manifestaciones del amor, de la persona amada.

La búsqueda de salvación a través del amor concebido como un fuego renovador; la búsqueda de un amor pleno que conjugue lo divino con lo bestial; el ser amado que surge del sueño o del recuerdo, que encarna como un árbol en el cuerpo de la amada; la mujer que pide a su amado que ojalá el cuerpo sirva para amar; el instante que precede al encuentro de los amantes; la vida que adquiere sentido por el ejercicio del amor; la soledad de quien le cuenta a su amada que tan sólo lo visitan las escaleras que suben hasta su cuarto; la exigencia que no admite parcialidades, el amor es total o no es; lo súbito y a la vez antiguo, atávico, del amor; lo necio de este sentimiento; el deseo y la promesa de que algún día...; la unidad absoluta del tú y el yo como un sólo ser en el acto del amor; la lejanía en la voz que llega por el teléfono; la entrega de lo que se es frente a lo que se quisiera ser;

la inocencia de los novios tendidos en la hierba comiendo limones; la maravilla del amor que llega súbito como una estrella; el amor que se sabe más que dos; lo doloroso pero real de la despedida; la evocación de la mujer en una canción lejana; la desesperación de quien se mira al espejo y se encuentra con la soledad; etc, etc, etc.

Sólo resta recordar que un libro de poemas es una caja de sorpresas, y más si del amor se trata. También, con Silvio Rodríguez, cantar:

>que me tenga cuidado el amor
>que le puedo cantar su canción

Mauricio Contreras Hernández

ALFONSINA STORNI

EL DIVINO AMOR

Te ando buscando, amor que nunca llegas,
Te ando buscando, amor que te mezquinas,
Me aguzo por saber si me adivinas,
Me doblo por saber si te me entregas.

Las tempestades mías, andariegas,
Se han aquietado sobre un haz de espinas;
Sangran mis carnes gotas purpurinas
Porque a salvarte, oh niño, te me niegas.

Mira que estoy de pie sobre los leños,
Que a veces bastan unos pocos sueños
Para encender la llama que me pierde.

Sálvame, amor, y con tus manos puras
Trueca este fuego en límpidas dulzuras
y haz de mis leños una rama verde.

Susana March

HE SOÑADO CONTIGO...

He soñado contigo
sin saber que soñaba...

En la gran chimenea
crepitaban las llamas,
la tarde se moría
detrás de la ventana.

Te he visto en mis ensueños
como un blanco fantasma,
alto junco ceñido
al aire de mi alma.

Te he visto ennoblecido
por estrellas lejanas,
turbado por la fiebre
de mi propia nostalgia.

Sobre la alfombra, quieta,
te sueño arrodillada.
Te sueño como a un Príncipe
de los cuentos de Hadas,
como a un vikingo rubio
con escudo de plata.

¡Qué bien quererte mucho
hasta quedar exhausta!
¡Qué bien sentirme siempre,
—¡Dios mío!— enamorada!
Me da miedo el vacío
que me queda en el alma,
el frío que me hiela
cuando el hechizo pasa.

Yo quiero amarte mucho,
con un amor sin pausa,
con un amor sin término,
como los dioses aman,
como los astros, como
las bestias y las plantas.

Siento celos del leño
que acaricia la llama...
¡Igual me abrasaría
si tú me acariciaras!

Susana Esther Soba

CANCIONES CON MOTIVOS
DEL HOMBRE

I

Cuando tú me recuerdas,
me estás creando.
Piénsame rosa. ¿Quieres?
La rosa florecida junto al viento.

O mejor:
piénsame viento cantando en la arboleda.

O acaso:
¡Sí!
Acaso la arboleda crecida de rumores.

Pero nunca esta forma limitada.
Demasiado terrena.
¡Demasiado!

II

Quítame uno a uno
mis aderezos.
Déjame solamente con el vestido del amor.
Con la rosa carne transparente.

Y el enjambre de voces por el aire.
Déjame así.
Sin turbador enigma.
En plena castidad enamorada.

III

A fuerza de quererte,
bien pude ser tu hija.
O tu madre.
Si no fuera como soy,
tu enamorada.

IV

¡Qué alegría! ¡Qué alegría!
Tener el cuerpo joven.
Sensitivo y curioso.
¡Y qué alegría que el cuerpo
sirviera para amar!
Y ofrendarlo desnudo como una rosa nueva.
¡Qué alegría! ¡Qué alegría!
¡Sentirse un bello animal piafante!

ÁNGELA FIGUERA

NOCTURNO

¡Está tan bella la noche
dulce de paz y silencio!

¡Qué pena me da dejarla
con tanta luna en el cielo!
Pero mi amante me espera
con la mitad de su lecho…

Me despedí de la luna
con un ademán ligero:
un polvo de plata fina
me relucía en los dedos.

Dentro, mi amante dormía:
me incliné sobre su sueño…
Con mis dedos enlunados
le acaricié los cabellos.

Delmira Agustini

EL SURTIDOR DE ORO

Vibre, mi musa, el surtidor de oro,
la taza rosa de tu boca en besos;
de las espumas armoniosas surja
vivo, supremo, misterioso, eterno,
el amante ideal, el esculpido
en prodigios de almas y de cuerpos;
debe ser vivo a fuerza de soñado,
que sangre y alma se me va en los sueños;
ha de nacer a deslumbrar la Vida,
¡y ha de ser un dios nuevo!
Las culebras azules de sus venas
se nutren del milagro en mi cerebro...
Selle, mi musa, el surtidor de oro,
la taza rosa de tu boca en besos;
el amante ideal, el esculpido
en prodigios de almas y de cuerpos,
arraigando las uñas extrahumanas
en mi carne, solloza en mis ensueños:
—Yo no quiero más vida que tu vida,
son en ti los supremos elementos;
¡déjame bajo el cielo de tu alma,
en la cálida tierra de tu cuerpo!—
—¡Selle, mi musa, el surtidor de oro,
la taza rosa de tu boca en besos!

EXPLOSIÓN

Si la vida es amor, ¡bendita sea!
¡Quiero más vida para amar! Hoy siento
que no valen mil años de la idea
lo que un minuto azul del sentimiento.

Mi corazón moría triste y lento…
Hoy abre en luz como una flor febea.
¡La vida brota como un mar violento
donde la mano del amor golpea!

Hoy partió hacia la noche, triste, fría,
rotas las alas mi melancolía;
como una vieja mancha de dolor

en la sombra lejana se deslíe…
¡Mi vida toda canta, besa, ríe!
¡Mi vida toda es una boca en flor!

Gioconda Belli

TE VEO COMO UN TEMBLOR

Te veo como un temblor
en el agua

Te vas,
te venís,
y dejás anillos en mi imaginación.

Cuando estoy con vos
quisiera tener varios yo,
invadir el aire que respiras,
transformarme en un amor caliente
para que me sudés
y poder entrar y salir de vos.

Acariciarte cerebralmente
o meterme en tu corazón y explotar
con cada uno de tus latidos.

Sembrarte como un gran árbol en mi cuerpo
y cuidar de tus hojas y tu tronco,
darte mi sangre de savia
y convertirme en tierra para vos.

Siento un aliento cosquilloso
cuando estamos juntos,

quisiera convertirme en risa,
llena de gozo,
retozar en playas de ternuras
recién descubiertas,
pero que siempre presentí,
amarte, amarte
hasta que todo se nos olvide
y no sepamos quién es quién.

Dulce María Loynaz

QUIÉREME ENTERA

Si me quieres, quiéreme entera,
no por zonas de luz o sombra...
si me quieres, quiéreme negra
y blanca. Y gris, y verde, y rubia,
Quiéreme día,
quiéreme noche...
¡Y madrugada en la ventana abierta!

Si me quieres, no me recortes:
¡quiéreme toda... o no me quieras!

Meira del Mar

RAÍZ ANTIGUA

No es de ahora este amor.

No es en nosotros
donde empieza a sentirse enamorado
este amor por amor, que nada espera.
Este vago misterio que nos vuelve
habitantes de niebla entre los otros.
Este desposeído
amor, sin tardes que nos miren juntos
a través de los trigos derramados
como un viento de oro por la tierra;
este extraño
amor,
de frío y llama,
de nieves y sol, que nos tomó la vida,
aleve, sigiloso, a espaldas nuestras,
en tanto que tú y yo, los distraídos,
mirábamos pasar nubes y rosas
en el torrente azul de la mañana.

No es de ahora. No.
De lejos viene
—de un silencio de siglos,
de un instante

en que tuvimos otro nombre y otra
sangre fugaz nos inundó las venas—,
este amor por amor,
este sollozo
donde estamos perdidos en querernos
como en un laberinto iluminado.

Liliana Cadavid

DELIRIO DEL JUEGO INCESANTE

Todo es juego…
Tú juegas a tus formas
y yo juego a las formas de mis sueños.
Todo es juego…
Tú ríes y yo río.
Tu pasas y yo paso.

¡Somos eco! Canción impertinente;
melodía solitaria… desterrada.
Si yo soy; si me doy
Si voy o vengo.
Si me antojo o me alargo…
Si me envuelvo.
¡Todo es juego!

Tú buscas y yo busco.
Tú sueñas y yo sueño.
¡No atamos!
Atándonos estamos,
con cadenas de besos.
¡Necios! Necios andamos escarbando,
en nuestros propios corazones rotos,
lo que nunca tendremos.
¡Todo es juego!

Dora Castellanos

ALGÚN DÍA

Un día llegarás;
el amor nos espera.
Y me dirás:
Amada, ya llegó la primavera.

Un día me amarás.
Estarás de mi pecho tan cercano,
que no sabré si el fuego que me abrasa
es de tu corazón o del verano.

Un día me tendrás.

Escucharemos mudos
latir nuestras arterias
y sollozar los árboles desnudos.

Un día. Cualquier día.
Breve y eterno,
el amor es el mismo en primavera,
en verano, en otoño y en invierno.

Alejandra Pizarnik

LA ENAMORADA

Esta lúgubre manía de vivir
Esta recóndita humorada de vivir
Te arrastra Alejandra no lo niegues

Hoy te miraste en el espejo
y te fue triste estabas sola
la luz rugía el aire cantaba
pero tu amado no volvió

Enviarás mensajes sonreirás
tremolarás tus manos así volverá
tu amado tan amado

Oyes la demente sirena que lo robó
El greco con barbas de espuma
donde murieron las risas
recuerdas el último abrazo

Oh nada de angustias
ríe en el pañuelo llora a carcajadas
pero cierra las puertas de tu rostro
para que no digan luego
que aquella mujer enamorada fuiste tú.

Te remuerden los días
te culpan las noches
te duele la vida tanto tanto
desesperada ¿a dónde vas?
desesperada ¡Nada más!

LA LUZ CAÍDA DE LA NOCHE

vierte esfinge
tu llanto en mi delirio
crece con flores en mi espera
porque la salvación celebra
el manar de la nada

vierte esfinge
la paz de tus cabellos de piedra
en mi sangre rabiosa

yo no entiendo la música
del último abismo
yo no sé del sermón
del brazo de hiedra
pero quiero ser del pájaro enamorado
que arrastra a las muchachas
ebrias de misterio
quiero al pájaro sabio en amor
el único libre.

Arthur Rimbaud

VIRGEN LOCA

EL ESPOSO INFERNAL

Escuchemos la confesión de un compañero de infierno:

«Oh divino Esposo, mi Señor, no rechacéis la confesión de la más triste de vuestras sirvientas. Estoy perdida. Estoy borracha. Estoy impura. ¡Qué vida!

¡Perdón, divino Señor, perdón! ¡Ah, perdón! ¡Qué de lágrimas! ¡Y qué de lágrimas espero más tarde, todavía!

¡Más tarde, conoceré al divino Esposo! Yo nací sometida a Él.

—¡El otro puede golpearme ahora!

¡Ahora, estoy en el fondo del mundo! ¡Oh amigas mías!... no, no sois mis amigas... Jamás delirios ni torturas semejantes... ¡Es idiota!

¡Ah! yo sufro, grito. Sufro en verdad. Sin embargo, todo me está permitido, cargada con el desprecio de los más despreciables corazones.

En fin, hagamos esta confidencia, aunque haya de repetírsela veinte veces más, ¡igualmente sombría, igualmente insignificante!

Yo soy esclava del Esposo infernal, aquel que perdió a las vírgenes locas. Es precisamente ese demonio. No es un espectro, no es un fantasma. Pero a mí, que he perdido la prudencia, que estoy condenada y muerta para el mundo, ¡no me han de matar! ¡Cómo describíroslo! Ya ni siquiera sé hablar. Estoy de duelo, lloro, tengo miedo. ¡Un poco de frescura, Señor, si lo consentís, si así lo consentís!

Yo soy viuda... Era viuda... por cierto que sí, yo era muy seria antaño, ¡y no nací para convertirme en esqueleto!... —Él era casi un niño... Sus delicadezas misteriosas me sedujeron. Olvidé todo mi deber humano para seguirle. ¡Qué vida! La verdadera vida está ausente. No pertenecemos al mundo. Yo voy a donde él va, no hay qué hacerle. Y a menudo él se encoleriza contra mí, *contra mí, una pobre alma.* ¡El Demonio! Porque es un Demonio, sabéis, *no es un hombre.*

Él dice: «Yo no amo a las mujeres. Hay que reinventar el amor, es cosa sabida. Ellas no pueden desear más que una posición segura. Conquistada la posición, corazón y belleza se dejan de lado: sólo queda un frío desdén, alimento del matrimonio hoy por hoy. O bien veo mujeres, con los signos de la felicidad, de las que yo hubiera podido hacer buenas camaradas, devoradas desde el principio por brutos sensibles como fogatas...»

Yo lo escucho hacer de la infancia una gloria, de la crueldad un hechizo. «Soy de raza lejana: mis padres eran escandinavos; se perforaban las costillas, se bebían la sangre. Yo me voy a hacer cortaduras por todo el cuerpo, me voy a tatuar, quiero volverme horrible como un mongol: ya verás, aullaré por las calles. Quiero volverme loco de rabia. Jamás me muestres joyas, me arrastraría y me retorcería sobre la alfombra. Mi riqueza, yo la querría toda manchada de sangre. Jamás trabajaré...» Muchas noches, como su demonio se apoderara de mí, nos molíamos a golpes, ¡yo luchaba con él! Por las noches, ebrio a menudo, se embosca en las calles o en las casas, para espantarme mortalmente. «De veras, me van a cortar el pescuezo; va a ser aqueroso». ¡Oh! esos días en que quiere aparecer con aires de crimen.

A veces habla, en una especie de dialecto enternecido, de la muerte que trae el arrepentimiento, de los desdichados que indudablemente existen, de los trabajos penosos, de las partidas que desgarran el corazón. En los tugurios donde nos emborrachábamos, él lloraba al considerar a los que nos rodeaban, rebaño de la miseria. Levantaba del suelo a los beodos en las calles oscuras. Sentía la piedad de una mala madre por los niños pequeños. Ostentaba gentilezas de niñita de catecismo. Fingía estar enterado de todo, comercio, arte, medicina. ¡Yo lo seguía, no había nada que hacer!

Veía todo el decorado de que se rodeaba en su imaginación; vestimentas, paños, muebles; yo le prestaba armas, otro rostro. Yo veía todo lo que lo emocionaba, como él hubiera querido crearlo para sí. Cuando me parecía tener el espíritu inerte, lo seguía, yo, en acciones extrañas y complicadas, lejos, buenas o malas: estaba segura de no entrar nunca en su mundo. Junto a su querido cuerpo dormido, cuántas horas nocturnas he velado, preguntándome por qué deseaba tanto evadirse de la realidad. Jamás hombre alguno tuvo ansia semejante. Yo me daba cuenta —sin temer por él— que podía ser un serio peligro para la sociedad. ¿Quizá tiene secretos para *transformar la vida*? No, no hace más que buscarlos, me replicaba yo. En fin, su caridad está embrujada y soy su prisionera. Ninguna otra alma tendría suficiente fuerza —¡fuerza de desesperación!— para soportarla, para ser protegida y amada por él. Por lo demás, yo no me lo figuraba con otra alma: uno ve su Ángel, jamás el Ángel ajeno —según creo—. Yo estaba en su alma como en un palacio que se ha abandonado para no ver una persona tan poco noble como nosotros: eso era todo. ¡Ay! dependía de él por completo. ¿Pero qué pretendía él de mi existencia cobarde y opaca? ¡Si bien no me mataba, tampoco me volvía mejor! Tristemente despechada, le dije algunas veces: «Te comprendo». Él se encogía de hombros.

Así, como mi pena se renovara sin cesar, y como me sintiera más extraviada ante mis propios ojos —¡como ante todo los ojos que hubieran querido mirarme, de no haber estado condenada para siempre al olvido de todos!— tenía cada vez más y más hambre de su bondad. Con sus besos y sus abrazos amistosos, yo entraba realmente en un cielo, un sombrío cielo, en el que hubiera querido que me dejaran pobre, sorda, muda, ciega. Ya empezaba a acostumbrarme. Y nos veía a ambos, como a dos niños buenos, libres de pasearse por el Paraíso de la Tristeza. Nos poníamos de acuerdo. Muy emocionados, trabajábamos juntos. Pero después de una penetrante caricia, me decía: «Cuando yo ya no esté, qué extraño te parecerá esto por que has pasado. Cuando ya no tengas mis brazos bajo tu cuello, ni mi corazón para descansar en él, ni esta boca sobre tus ojos. Porque algún día, tendré que irme, muy lejos. Pues es menester que ayude a otros: tal es mi deber. Aunque eso no sea nada apetitoso... alma querida...» De inmediato yo me presentía, sin él, presa del vértigo, precipitada en la sombra más tremenda: la muerte. Y le hacía prometer que no me abandonaría. Veinte veces me hizo esa promesa de amante. Era tan frívolo como yo cuando le decía: «Te comprendo».

Ah, jamás he tenido celos de él. Creo que no ha de abandonarme. ¿Qué haría? No conoce a nadie, jamás trabajará. Quiere vivir sonámbulo. ¿Bastarían su bondad y su caridad para otorgarle derechos en el mundo real? Por momentos, olvido la miseria en que he caído: él me tornará fuerte, viajaremos, cazaremos en los desiertos, dormiremos sobre el empedrado de ciudades desconocidas, sin cuidados, sin penas. O yo me despertaré, y las leyes y las costumbres habrán cambiado —gracias a su poder mágico—; el mundo, aunque continué siendo el mismo, me dejará con mis deseos, con mis dichas, con mis indolencias. ¡Oh! ¿me darás la vida de aventuras que existe en los libros para niños, como recompensa, por tanto como he sufrido? Pero él no puede. Yo ignoro su ideal. Me ha dicho que siente nostalgias, esperanzas: eso no debe concernirme. ¿Le habla a Dios? Quizá debiera yo dirigirme a Dios. Estoy en lo más profundo del abismo, y ya no sé orar.

Si él me explicara sus tristezas, ¿las comprendería yo mejor que sus burlas? Me ataca, pasa horas avergonzándome con todo lo que ha podido conmoverme en el mundo; y se indigna si lloro.

«¿Ves a ese joven elegante que entra en una hermosa y tranquila residencia? Se llama Duval, Dufour, Armando, Mauricio, ¿qué sé yo? Una mujer se ha consagrado a amar a ese malvado idiota: ella ha muerto, y es seguro que ahora es una santa en el cielo. Tú causarás mi muerte, como él causó la muerte de esa mujer. Esa es la suerte que nos toca a nosotros, corazones caritativos...» ¡Ay! había días en que todos los hombres con sus actos parecíanle juguetes de grotescos delirios: y se reía espantosamente, durante largo rato. Luego, recuperaba sus maneras de joven madre, de hermana querida. ¡Si fuera menos salvaje, estaríamos salvados! Pero también su dulzura es mortal. Yo me le someto. ¡Ah, estoy loca!

Acaso un día desaparezca maravillosamente; pero es menester que yo sepa si ha de subir a algún cielo, ¡que pueda ver un poco la asunción de mi amiguito!»

¡Vaya una pareja!

Traducción de Nidia Lamarque

Pierre Louys

BILITIS

(Fragmento)

De lana viste la vecina ruda;
hay mujeres que lucen sedas, oro;
otras, con hojas cubren su decoro;
otra, las flores con primor anuda.

Yo no quiero vivir sino desnuda.
Tómame, amante, como voy. Adoro
de joyas y damascos el tesoro,
mas, no a Bilitis una gasa escuda.

Son mis labios de un rojo sin ardides;
es negro mi cabello, sin tocado,
flota libre en mi frente un solo rizo.

Una noche de amor así me hizo
mi madre. Tómame cual soy, amado:
mas, si te gusto, dímelo… no olvides.

Traducción de Enrique Uribe White

Paul Géraldy

DISTANCIA

Turbóme como a un niño
tu cita telefónica.
Una hora antes dije
que nadie me entraría
al cuarto, donde todas
las luces extinguía
para esperarte a oscuras.
Zumbábanme las sienes.
Dudaba si en la sombra
cargada de promesas
fragantes de tu voz
quizás no sentiría
el soplo de tu aliento…
De pronto el llamamiento.
Yo creo que mi pulso
se detuvo un momento.
Hablaste. Yo te oía.
Las voces que dijiste
venían de otro mundo.
De un solo único impulso
tu pobre voz debía
saltar colinas, llanos
ciudades, campos selvas,
correr por las riberas

de ríos y a lo largo
de rutas y de sendas.
Por eso me llegaba
tu voz tan disminuída,
tan tenue y tan cambiada
que quien me conversaba
aquí en el aposento
ya no era tu persona,
más bien era una sombra,
fantasma de tu voz.
Díjeme antes, amada,
que yo te sentiría
en mí como inclinada
sobre mi boca ardiente
y que si no presente
al menos te hallaría
mil veces acercada.
Así no fue; al contrario,
se me hizo ese instante
más larga la distancia,
crecía inmensamente.
Y luego, de repente,
surgiste al fin de ese hilo
engañador, más lejos,
horriblemente lejos,
y me encontré delante
del aparato, triste,
más lúgubre e intranquilo,
más solitario que antes.

Traducción de Roberto Brenes Mesén

PAUL ELUARD

LA ENAMORADA

Ella está en pie sobre mis párpados
y sus cabellos están en los míos
ella tiene la forma de mis manos
ella tiene el color de mis ojos,
ella se sumerge en mi sombra
como una piedra sobre el cielo.

Ella tiene siempre los ojos abiertos
y no me deja dormir.
Sus sueños en plena luz
evaporan los soles,
me hacen reír, llorar y reír,
hablar sin tener qué decir.

Traducción de Xavier Villaurrutia

Constantino P. Cavafis

SI ME AMARAS

    Si el rayo brillante del amor
    la oscuridad templara de mi vida,
    el primer latido
    de mi alma dolorida
querría ser una rapsodia feliz.
    No me atrevo a susurrar
    lo que quisiera decirte:
    que vivir sin ti
    es para mí un castigo insoportable—
si me amaras... pero ¡ay! eso es vana esperanza.

    Si me amaras, el fin
    verías de mis lágrimas
    y de mis secretos males.
    Las dudas desatadas
no osarían ya mostrar su imagen falaz.
    En el centro de visiones
    divinas quisiera que te hallaras.
    Las rosas florecidas, el espino
    ornarían de la vida—
si me amaras... pero ¡ay! eso es vana esperanza.

Traducción de Pedro Bádenas de la Peña

Pedro Salinas

NO SOY MÁS...

Yo no puedo darte más.
No soy más que lo que soy.

¡Ay, cómo quisiera ser
arena, sol, en estío!
Que te rindieses
descansada a descansar.
Que me dejaras
tu cuerpo al marcharte, huella
tierna, tibia, inolvidable.
Y que contigo se fuese
sobre ti, mi beso lento:
      color,
desde la nuca al talón,
      moreno.

¡Ay! cómo quisiera ser
vidrio, o estofa, o madera
que conserva su color
aquí, su perfume aquí,
y nació a tres mil kilómetros!
      Ser
La materia que te gusta,
que tocas todos los días

y que ves ya sin mirar
a tu alrededor, las cosas
—collar, frasco, seda antigua—
que cuando tú echas de menos
preguntas: «¡Ay!, ¿dónde está?»

¡Y, ay, cómo quisiera ser
una alegría entre todas,
una sola, la alegría
con que te alegras tú!
Un amor, un amor solo:
el amor del que tú te enamorases.

    Pero
no soy más que lo que soy.

Luis Cernuda

LOS MARINEROS SON LAS ALAS DEL AMOR

   Los marineros son las alas del amor,
son los espejos del amor,
y el mar les acompaña,
y sus ojos son rubios lo mismo que el amor,
rubio es también igual que son sus ojos.

   La alegría vivaz que vierten en las venas
rubia es también,
idéntica a la piel que asoman;
no les dejéis marchar porque sonríen
como la libertad sonríe
luz cegadora erguida sobre el mar.

   Si un marinero es mar,
rubio mar amoroso cuya presencia es cántico,
no quiero la ciudad hecha de sueños grises,
barca sin norte,
cuerpo sin norte hundirme en su luz rubia.

Miguel Hernández

VALS DE LOS ENAMORADOS Y UNIDOS
HASTA SIEMPRE

No salieron jamás
del vergel del abrazo.
Y ante el rojo rosal
de los besos rodaron.
Huracanes quisieron
con rencor separarlos.
Y las hachas tajantes,
y los rígidos rayos.

Aumentaron la tierra
de las pálidas manos.
Precipicios midieron,
por el viento impulsados
entre bocas deshechas.
Recorrieron naufragios,
cada vez más profundos
en sus cuerpos sus brazos.

Perseguidos, hundidos
por un gran desamparo
de recuerdos y lunas,
de noviembres y marzos,
aventados se vieron

como polvo liviano:
aventados se vieron,
pero siempre abrazados.

(Escrita en la Prisión de Conde de Toreno, a fines de 1939, para el álbum de un amigo.)

Pablo Neruda

JUNTOS NOSOTROS

Qué pura eres de sol o de noche caída,
qué triunfal desmedida tu órbita de blanco,
y tu pecho de pan, alto de clima,
tu corona de árboles negros, bienamada,
y tu nariz de animal solitario, de oveja salvaje
que huele a sombra y a precipitada fuga tiránica.
Ahora, qué armas espléndidas mis manos,
digna su pala de hueso y su lirio de uñas,
y el puesto de mi rostro, y el arriendo de mi alma
están situados en lo justo de la fuerza terrestre.

Qué pura mi mirada de nocturna influencia,
caída de ojos oscuros y feroz acicate,
mi simétrica estatua de piernas gemelas
sube hacia estrellas húmedas cada mañana,
y mi boca de exilio muerde la carne y la uva,
mis brazos de varón, mi pecho tatuado
en que penetra el vello como ala de estaño,
mi cara blanca hecha para la profundidad del sol,
mi pelo hecho de ritos, de minerales negros,
mi frente, penetrante como golpe o camino,
mi piel de hijo maduro, destinado al arado,
mis ojos de sal ávida, de matrimonio rápido,
mi lengua amiga blanda del dique y del buque,

mis dientes de horario blanco, de equidad sistemática,
la piel que hace a mi frente un vacío de hielos
y en mi espalda se torna, y vuela en mis párpados,
y se repliega sobre mi más profundo estímulo,
y crece hacia las rosas en mis dedos,
en mi mentón de hueso y en mis pies de riqueza.

Y tú como un mes de estrella, como un beso fijo,
como estructura de ala, o comienzos de otoño,
niña, mi partidaria, mi amorosa,
la luz hace su lecho bajo tus grandes párpados,
dorados como bueyes, y la paloma redonda
hace sus nidos blancos frecuentemente en ti.
Hecha de ola en lingotes y tenazas blancas,
tu salud de manzana furiosa se estira sin límite,
el tonel temblador en que escucha tu estómago,
tus manos hijas de la harina y del cielo.

Qué parecida eres al más largo beso,
su sacudida fija parece nutrirte,
y su empuje de brasa, de bandera revuelta,
va latiendo en tus dominios y subiendo temblando,
y entonces tu cabeza se adelgaza en cabellos,
y su forma guerrera, su círculo seco,
se desploma de súbito en hilos lineales
como filos de espadas o herencias del humo.

Leopoldo Lugones

ROMANCE DEL PERFECTO AMOR

Oye, Amada, la noche. Qué serena
la luna se levanta
sobre la mar y sobre tu hermosura.
        La noche canta.

Oye, Amada, la fuente. En lo profundo
de la calma sonora,
con música más dulce que este canto
        la fuente llora.

Oye, Amada, el silencio. Qué reposo
de pasión, de congoja y de batalla.
Reina la perfección sobre los lirios.
        La dicha calla.

Octavio Paz

LOS NOVIOS

Tendidos en la yerba
una muchacha y un muchacho.
Comen naranjas, cambian besos
como las olas cambian sus espumas.

Tendidos en la playa
una muchacha y un muchacho.
Comen limones, cambian besos
como las nubes cambian sus espumas.

Tendidos bajo tierra
una muchacha y un muchacho.
No dicen nada, no se besan,
cambian silencio por silencio.

Alfonso Carvajal

ANANDA

Amada mía,
no sé quién duerme en quién
pero sé que somos fieles a este castigo.

UTOPÍA

Dame la oportunidad de no quedarme,
y de no decirte nunca adiós.

RAFAEL ALBERTO ARRIETA

NOCHE DE ENERO

Noche de enero, quieta y luminosa,
junto al río, entre piedras, y a tu lado.

Mi corazón, maduro
para la maravilla y el milagro:

si una estrella cayese
tendería mi mano...

AQUILES NAZOA

MUCHACHAS BAJO LA LLUVIA

Muchachas que pasáis bajo la lluvia
con campanitas de agua en el cabello;
niñas de la actitud samaritana
que lleváis levantados los cuadernos
como para que el agua milagrosa
su inocente canción escriba en ellos.

Muchachas que ofrecéis vuestras mejillas
al fauno picarón del aguacero;
de trenzas largas y uniforme nuevo:
¡Con qué gusto romántico os daría
mi corazón envuelto en un pañuelo!

A ti, delgada niña que transitas
con paso saltarín del minutero,
te pondría esta flor de mi solapa
—sombrilla vegetal —entre los dedos.

Y tú, la de la capa y verde gorro
de enanito de cuento,
en una torre de ajedrez podrías
vivir mientras escampa el aguacero.

Oh niñas que pasáis bajo la lluvia,
mojados pajaritos del buen tiempo,
¡venid, que en barco de papel nos vamos
a jugar con la lluvia por los puertos!

Mario Benedetti

TE QUIERO

Tus manos son mi caricia
mis acordes cotidianos
te quiero porque tus manos
trabajan por la justicia

    si te quiero es porque sos
    mi amor mi cómplice y todo
    y en la calle codo a codo
    somos mucho más que dos

tus ojos son mi conjuro
contra la mala jornada
te quiero por tu mirada
que mira y siembra futuro

tu boca que es tuya y mía
tu boca no se equivoca
te quiero porque tu boca
sabe gritar rebeldía

    Si te quiero es porque sos
    mi amor mi cómplice y todo
    y en la calle codo a codo
    somos mucho más que dos

y por tu rostro sincero
y tu paso vagabundo
y tu llanto por el mundo
porque sos pueblo te quiero

y porque amor no es aureola
ni cándida moraleja
y porque somos pareja
que sabe que no está sola

te quiero en mi paraíso
es decir que en mi país
la gente viva feliz
aunque no tenga permiso

    si te quiero es porque sos
    mi amor mi cómplice y todo
    y en la calle codo a codo
    somos mucho más que dos.

Otto René Castillo

ACONTECE ASÍ, ENAMORADOS

Los enamorados
que ahora se besan,
todavía no saben
que tendrán
que separarse muy pronto.

Los enamorados
que aún no se han encontrado,
ignoran
que pronto creerán
haberse hallado
para todos los tiempos.

Pobres
los que ya se encontraron,
ahora tendrán
que separarse.

Pobres
los que aún no se han hallado,
ahora tendrán
que continuar esperando.

ROQUE DALTON

HORA DE LA CENIZA

I

Finaliza Septiembre. Es hora de decirte
lo difícil que ha sido no morir.

Por ejemplo, esta tarde
tengo en las manos grises
libros hermosos que no entiendo,
no podría cantar aunque ha cesado ya la lluvia
y me cae sin motivo el recuerdo
del primer perro a quien amé cuando niño.

Desde ayer que te fuiste
hay humedad y frío hasta en la música.

Cuando yo muera,
sólo recordarán mi júbilo matutino y palpable,
mi bandera sin derecho a cansarse,
la concreta verdad que repartí desde el fuego,
el puño que hice unánime
con el clamor de piedra que exigió la esperanza.
Hace frío sin ti. Cuando yo muera,
cuando yo muera

dirán con buenas intenciones
que no supe llorar.
Ahora llueve de nuevo.
Nunca ha sido tan tarde a las siete menos cuarto
como hoy.

Siento deseos de reír
o de matarme.

II

El cínico
Claro es que no tengo en las manos
el derecho a morirme
ni siquiera en las abandonadas tardes de los domingos.

Por otra parte se debe comprender que la muerte
es una manufactura inoficiosa
y que los suicidas
siempre tuvieron una mortal pereza
de sufrir.

Además, debo
la cuenta de la luz…

III

Odiar el amor
La luna se me murió
aunque no creo en los ángeles.
La copa final transcurre
antes de la sed que sufro.

La grama azul se ha perdido
huyendo tras tu velamen.

La mariposa incendiando
su color, fue de ceniza.

La madrugada fusila
rocío y pájaros mudos.
La desnudez me avergüenza
y me hace heridas de niño.

El corazón sin tus manos
es mi enemigo en el pecho.

IV

Mi dolor

Conozco perfectamente mi dolor:
viene conmigo disfrazado en la sangre
y se ha construido una risa especial
para que no pregunten por su sombra.

Mi dolor, ah queridos,
mi dolor, ah querida,
mi dolor es capaz de inventaros un pájaro,
un cubo de madera
de esos donde los niños
le adivinan un alma musical al alfabeto,
un rincón entrañable
y tibio como la geografía del vino

o como la piel que me dejó las manos
sin pronunciar el himno de tu ancha desnudez de mar.

Mi dolor tiene cara de rosa,
de primavera personal que ha venido cantando.
Tras ella esconde su violento cuchillo,
su desatado tigre que me rompió las venas desde
                                    antes de nacer
y que trazó los días
de lluvia y de ceniza que mantengo.

Amo profundamente mi dolor,
como a un hijo malo.

V

Y, sin embargo, amor, a través de las lágrimas,
yo sabía que al fin iba a quedarme
desnudo en la ribera de la risa.

Aquí,
hoy,
digo:
siempre recordaré tu desnudez entre mis manos,
tu olor a disfrutada madera de sándalo
clavada junto al sol de la mañana;
tu risa de muchacha,
o de arroyo,
o de pájaro;
tus manos largas y amantes

como un lirio traidor a tus antiguos colores;
tu voz,
tus ojos,
lo de abarcable en ti que entre mis pasos
pensaba sostener con las palabras.
Pero ya no habrá tiempo de llorar.
Ha terminado
la hora de la ceniza para mi corazón.

Hace frío sin ti,
pero se vive.

León de Greiff

RIMAS

Amor, bésame en la boca!
préstame tus finas manos...
Amor: si mi labio toca
tu labio...

Amor: tus ojos arcanos
ponlos en mis tristes ojos...
amor, y dáme tus manos
pálidas...

Amor: suple a mis despojos
vida, con una mirada
no más de tus grandes ojos
verdes...

Amor, amor, adorada:
bésame, dame tus manos
y quémame en tu mirada
febril!

Rafael Maya

ACASO

Van al campo parejas amorosas
continuamente, y a la luz violeta
del sol que muere, su pasión secreta
juntan sobre las hierbas temblorosas.

Nacen y mueren las fragantes rosas,
y estallan besos de emoción discreta,
mas siempre hay en acecho algún poeta
que difunde en canciones estas cosas.

En la múltiple voz del universo
escucha siempre, con gentil cuidado,
la susurrante indiscreción del verso.

Que alguien, en una estrofa transitoria,
sin saberlo, quizás, hubo narrado
la parte más feliz de nuestra historia.

ALBERTO ÁNGEL MONTOYA

LELIA

Dulce Lelia imposible... Suave Lelia Lejana.

La tarde está conmigo lo mismo que una hermana
convaleciente y triste que me tendiera el brazo
para vagar soñando por el jardín. Aún arde
el rojo sol que incendia de rosa el ocaso.

Es la hora en que al bosque llegábamos. Acaso
también tú estás conmigo difundida en la tarde.

Vibran los saucedales donde la leve brisa
deja un sutil murmullo de músicas eolias.
Dijérase que vuelve la visión imprecisa
de doncellas cansadas que evocó tu sonrisa:
fugaces Massimilias, Violantes y Anatolias.

Al ritmo de tu angustia yo idealicé mis días.
Nadie sabrá el encanto que hallé mientras sufrías.

—Más larga es la caricia si ante el dolor absorto
el hado nos acecha... y el beso es menos corto.

Dulce Lelia imposible... Suave Lelia lejana.

Es la hora en que el bosque dejábamos. No arde
ya el sol entre la hoguera de rosas del poniente.

Dulce Lelia imposible... Suave Lelia doliente.

Tal vez eres la estrella que floreció en la tarde.

AURELIO ARTURO

TODAVÍA

Cantaba una mujer, cantaba
sola creyéndose en la noche,
en la noche, felposo valle.

Cantaba y cuanto es dulce
la voz de una mujer, esa lo era.
Fluía de su labio
amorosa la vida...
la vida cuando ha sido bella.

Cantaba una mujer
como en un hondo bosque, y sin mirarla
yo la sabía tan dulce, tan hermosa.
Cantaba, todavía
canta...

Eduardo Carranza

AZUL DE TI

Pensar en ti es azul, como ir vagando
por un bosque dorado al mediodía:
nacen jardines en el habla mía
y con mis nubes por tus sueños ando.

Nos une y nos separa un aire blando,
una distancia de melancolía;
yo alzo los brazos de mi poesía,
azul de ti, dolido y esperando.

Es como un horizonte de violines
o un tibio sufrimiento de jazmines
pensar en ti, de azul temperamento.

El mundo se me vuelve cristalino,
y te miro, entre lámpara de trino,
azul domingo de mi pensamiento.

Jorge García Usta

EN ESTAS LÍNEAS
MI CORAZÓN TE ENVÍO

(Datos para el bolero)

Cuando escribo pienso en ti
y no sé cuando volveré a verte
Los meses cada vez me gustan menos
pero te escribo algo de mi vida
—y duermo tranquilo con el recuerdo
                                        en la almohada

Qué tal el tiempo allá
acá me llueve todo el día
y no es que se me arrugue el alma
pero casi

El portero canta tangos
                imagínate
Y una mujer con una cadera de yegua
me tiende trampas bajo el balcón
                        —tranquila, mujer, no es nada

Yo estoy bien pero el tiempo se demora
Tengo los labios cuarteados por el frío
y no ando bien al caminar

El corazón me funciona
y te quiero pero suspendo ahora
estos escritos porque el portero
imagínate, amor
    canta a medianoche aquello
        de adiós hermanos compañeros de la vida

y vale la pena escucharlo

Juan Manuel Roca

DÍAS COMO AGUJAS

Estoy tan solo, amor, que a mi cuarto
Sólo sube, peldaño tras peldaño,
La vieja escalera que traquea.